글 유영소

성신여자대학교에서 국문학을 공부했습니다. MBC창작동화대상과 마해송문학상을 받았으며
쓴 책으로는 〈행복빌라 미녀 사총사〉, 〈알파벳 벌레가 스멀스멀〉, 〈여자는 힘이 세다〉,
〈겨울 해바라기〉, 〈불가사리를 기억해〉, 〈오늘이〉 등이 있습니다.

그림 노병옥

한국일러스트레이션학교에서 일러스트를 공부하고, 현재 프리랜서로 활동하고 있습니다.
그린 책으로는 〈제멋대로 예술가 백 아저씨〉, 〈지친 영혼을 위한 달콤한 여행 테라피〉,
〈한솔테마세계문화〉 등이 있으며 그림책 외에 여러 가지 일러스트 작업을 하고 있습니다.

감수 신항균

성균관대학교 대학원 수학과를 졸업했습니다.
공군사관학교와 우석대학교 교수를 역임했고,
미국 애리조나 주립대학교 수학과 교환교수로도 활동한 바 있습니다.
지금은 서울교육대학교 수학교육과 교수로 재직 중이며,
동 대학교 초등수학교육연구소장으로 있습니다.
또한 서울교육대학교 영재교육원 운영위원으로도 활동하고 있습니다.
초등학교와 중학교, 고등학교에 이르기까지 수학교과서 집필책임교수로 활동했고,
저서로는 〈수학사와 수학이야기〉, 〈클릭 수학나라〉, 〈영재들의 1등급 수학교실 시리즈〉가 있습니다.

2단계 입체 도형 22

가미와 야미의 상자 놀이터

글 **유영소** 그림 **노병옥** 감수 **신항균**
펴낸곳 **(주)아람키즈** | 펴낸이 **이소영** | 주소 **서울특별시 성동구 성수이로 147 아이에스비즈타워 2F**
고객센터 **1644-4521** | 팩스 **02-468-5548** | 홈페이지 **www.aramkids.co.kr** | 출판등록 **제2020-000011호**
기획 편집 디자인 **(주)아람키즈 하늘땅**
ISBN **979-11-6543-563-9 979-11-6543-509-7(세트)**

가미와 야미의
상자 놀이터

글 유영소 · 그림 노병옥 · 감수 신항균

아람키즈

가미와 야미는 오늘도 준이네 집으로 놀러 가요.
준이 방에는 재미난 게 아주 많거든요.

고소한 과자 ***부스러기**도 얼마든지 먹을 수 있고요.
강아지 깜돌이만 없으면 딱 좋겠는데 말이에요.

다 왔어요! 여기가 준이 방이에요.

가미랑 야미는 준이의 보물 상자에서 놀 때가 제일 신나요.

동그란 모양 공 위에서 걷기!

"사뿐사뿐!"

원뿔 모양 ***고깔모자**에서 미끄럼 타기!

"야호!"

가미는 **둥근기둥 모양**을 타고 올라갔어요.
"야호! 둥그런 모양 따라 올라가는 나 좀 봐!"
가미는 깔깔대며 소리쳤어요.
둥근기둥 모양은 서 있으면 움직이지 않지만,
옆으로 누우면 데굴데굴 잘도 굴러요.

둥근기둥 모양이건, **상자 모양**이건 모두 준이의 보물 상자예요.

모으기 대장 준이는 구슬이나 카드, 그림 딱지처럼
모으고 싶은 게 생길 때마다 상자에 넣어 두거든요.
준이가 직접 만든 상자도 많아요.

상자 모양은 어디를 봐도 네모예요.
위아래도 옆도 똑같은 네모 모양이지요.
가미와 야미는 상자 모양을 따라 네모나게 돌며 놀아요.
"앗!"
야미가 상자 ***모서리**에서 장난을 치다가
그만 안으로 툭 떨어졌어요.
준이 구슬이 담긴 상자 모양 안으로요.

야미는 상자에서 나오려고 ***발버둥**을 쳤어요.
하지만 구슬 때문에 자꾸 미끄러졌지요.
“가미야! 나 좀 도와줘.”

가미는 야미를 도와주고 싶었지만 어쩔 수가 없었어요.
잘못하면 자기까지 상자 안으로 떨어질 것 같았거든요.

'큰일 났네! 이러다 야미가 못 나오면 어떡하지?'
조마조마한 마음에 가미는 눈물이 *찔끔 나왔어요.

그런데 갑자기 방문이 열렸어요.
준이가 들어오려는 것 같았지요.

아니에요, 아니에요.
방으로 들어온 건 준이가 아니고 깜돌이예요.
"으악! 야미야, 깜돌이가 들어왔어. 조심해!"
가미는 소리치며 얼른 **둥근기둥 모양** 위로
올라갔어요.

"멍멍!"

깜돌이가 ***날쌔게** 달려왔어요.

그러더니 눈 깜짝할 사이에

둥근기둥 모양을 발로 내리쳤어요.

그 바람에 가미까지 떨어지고 말았지요.

둥근기둥 모양은 툭 터져 버렸고요.

우당탕탕!

깜돌이가 달려들자

상자 모양이 뒤집혔어요.

가미와 야미도 바닥으로 떨어졌어요.

"으악!"

준이가 방문을 열었을 때는

이미 상자 모양이 부서진 뒤였어요.

"깜돌이 너, 왜 *__말썽__이야! 저리 안 나가?"

준이는 깜돌이를 얼른 밖으로 내보냈어요.
“후유! 준이가 아니었으면 큰일 날 뻔했어.”
가미와 야미는 겨우겨우 책상 위로 올라갔어요.

방바닥에는 부서져서 엉망이 되어 버린 보물 상자들이 놓여 있었어요.

준이는 보물 상자를 하나씩 주웠어요.

상자 모양은 여섯 개의 네모로 이루어진 거예요.
둥근기둥 모양은 동그라미 두 개와
기다란 네모 한 개로 이루어진 것이고요.

"깜돌이가 아주 엉망으로 만들어 놨네!"
화가 난 준이는 중얼거리며 상자를
이리저리 살폈어요.

"왠지 우리 때문에 상자가 저렇게 된 것 같아."
가미는 준이에게 좀 미안했어요.
"아냐, 아냐. 깜돌이 때문이야."
야미는 ***샐쭉해서** 소리쳤어요.

준이는 네모들을 잘 접어 세웠어요.
그리고 모서리를 붙여서 단단하게 만들었어요.
누워 있던 종이가 ***벌떡** 일어나
다시 **상자 모양**이 된 거예요.

둥근기둥 모양도 기운을 차렸어요.

준이가 기다란 네모를 둘둘 말아 붙인 다음
위아래로 동그라미들을 튼튼히 붙여 주었거든요.

지켜보던 가미랑 야미는 그제야 마음이 놓였어요.

"오늘 깜돌이 때문에 정말 무시무시했어."

"그래도 재미난 일이 더 많았는걸."

"준이는 상자 만들기 대장 같아!"

"맞아, 우리 내일 또 와서 놀자!"

가미랑 야미는 ***수다**를 떨며 집으로 돌아갔어요.

엄마가 보기

입체 도형에 대해 배워요

아이가 생활 속에서 접할 수 있는 상자는 아주 많습니다. 모양도 크기도 다른 여러 가지 상자들은 아이에게 재미난 장난감이 되지요. 새로 산 냉장고나 텔레비전이 들어 있던 커다란 종이 박스, 혹은 과자를 먹고 남은 깡통 등이 그 예입니다. 이러한 **상자를 통해 입체 도형을 이해**할 수 있도록 아이와 놀이를 해 보세요. 상자를 위나 아래, 옆에서 보면 각각 어떤 모양인지 살펴본다든가, 여러 모양의 상자들을 이용해 집짓기를 해 보는 것도 좋은 방법입니다.

상자를 이용해 입체 도형을 이해하는 또 하나의 방법은 상자를 분해하고 다시 조립하는 것입니다. 전개도 형태로 펼쳐져 있던 상자를 원래의 모양대로 세우는 활동을 통해 아이가 2차원의 평면과 3차원의 입체를 자연스럽게 연결할 수 있도록 도와주세요. 이처럼 평면과 입체를 연결하는 활동은 수학적 상상력을 키우는 좋은 훈련이 됩니다.

아이가 보기

누워 있던 상자가 일어났어요

준이는 깜돌이 때문에 부서진 상자들을 원래 모양대로 일으켜 세웠어요.
납작하게 펼쳐진 상자들이 어떻게 일어났는지 살펴보아요.

여섯 개의 네모가 모여 **상자 모양**이 되었어요.

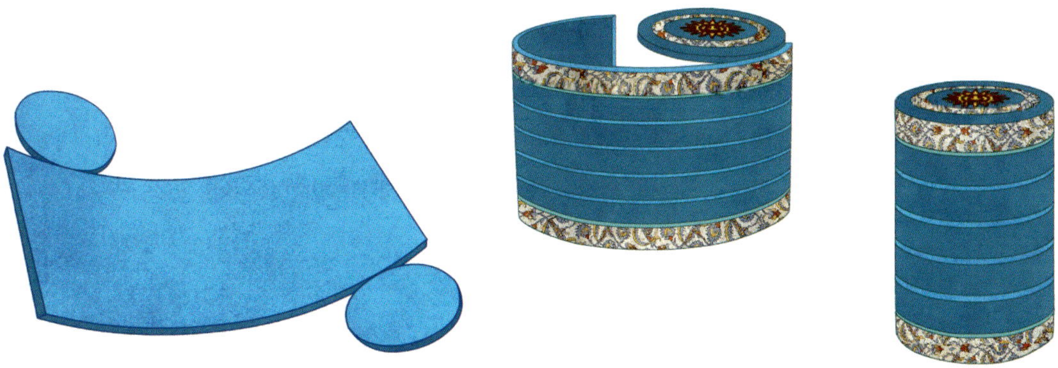

동그라미 두 개와 기다란 네모가 모여 **둥근기둥 모양**이 되었어요.

아이와 함께 하기

여러 가지 재미난 상자를 만들어요

상자 모양을 꼭 닮은 주사위를 만들어 보아요.

가로, 세로의 길이가 같은 여섯 개의 네모를 이어지게 그려서 오린 다음, 각각의 네모에 한 개부터 여섯 개까지 점을 찍어요.

여섯 개의 네모에 테이프를 붙여서 상자 모양을 만들어요.

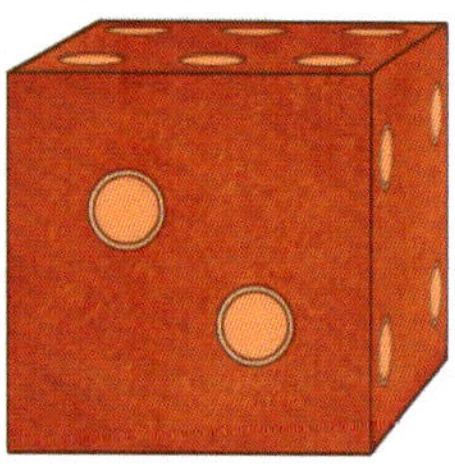

예쁜 주사위가 만들어졌어요!

왼쪽에 있는 입체 도형을 보고, 도형이 펼쳐졌을 때 어떤 모양이 될지 선을 알맞게 연결해 보아요.

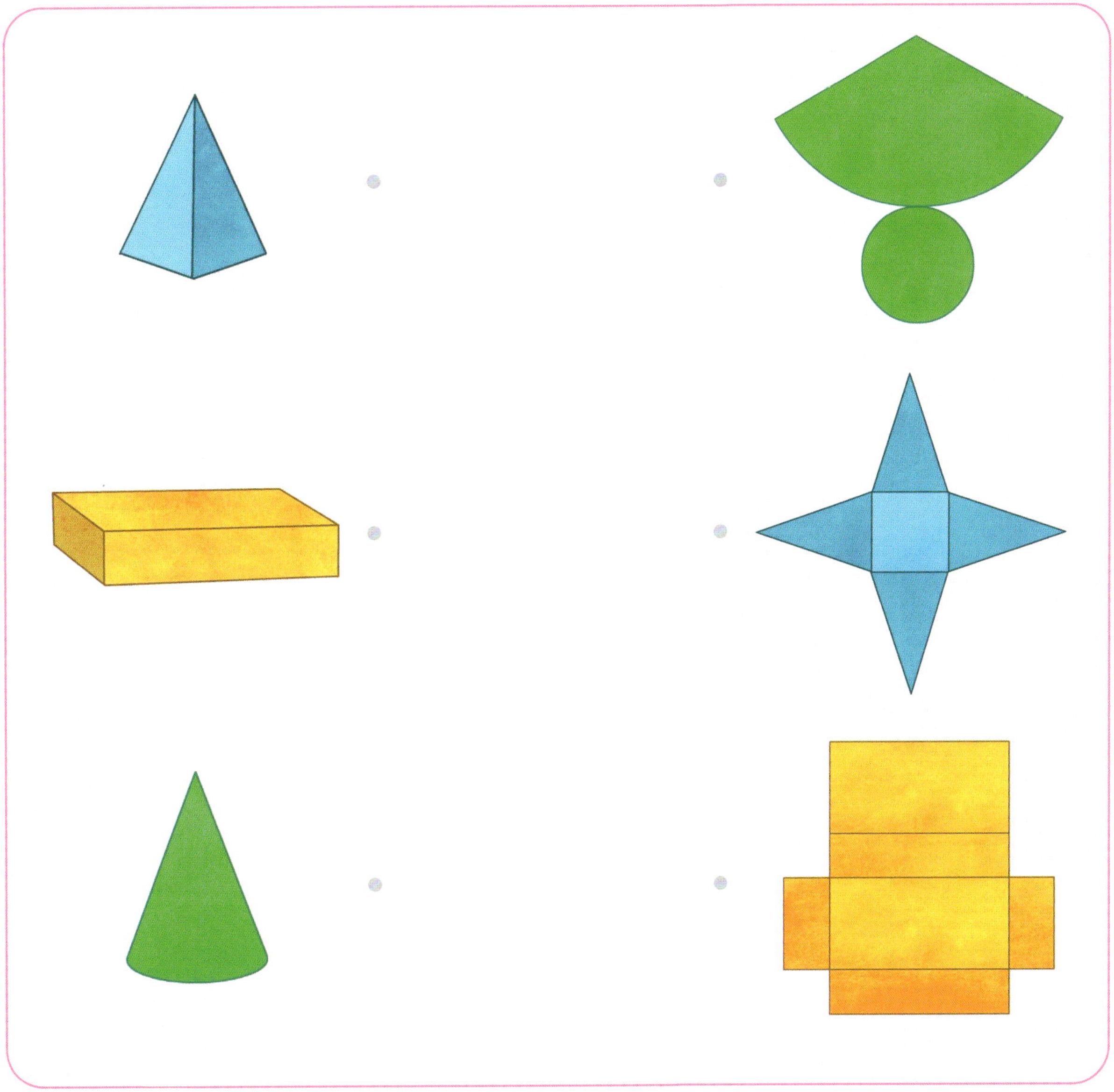